Heinrich Preschers

Pfälzische historische Nachrichten aus neuern Schriften

Heinrich Preschers

Pfälzische historische Nachrichten aus neuern Schriften

ISBN/EAN: 9783743623590

Hergestellt in Europa, USA, Kanada, Australien, Japan

Cover: Foto ©ninafisch / pixelio.de

Weitere Bücher finden Sie auf **www.hansebooks.com**

Pfälzische
Historische
Nachrichten

aus

neuern Schriften.

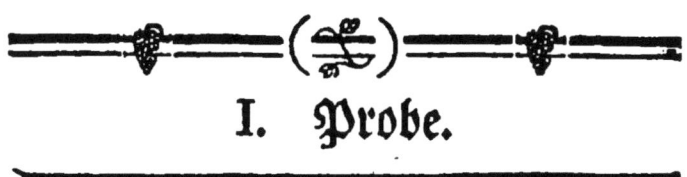

I. Probe.

Mannheim,
in der Löfflerischen Buchhandlung.
1783.

Vorrede.

Würden Liebhaber der Pfälzischen Geschichte sich dahin vereinigen, alle Ihnen bekannte neuere historische Schriften anzuzeigen, oder auch hie und da zerstreute Nachrichten zu sammlen, würde eine solche Gesellschaft von solchen, die etwas aus der Pfälzischen Geschichte lieferen, unterstützet, dann hätte unsere Zeit endlich einmal ein Pfälzisch= historisches Magazin zu erwarten. Dieser Gedanke ware mir von je her heilig, zu dessen Ausführung vielleicht andere durch diesen Versuch aufgemuntert werden. Ich mache hie, mit Hülfe einiger Freunden, Pfälzische historische, (aber keine satyri-

sche

Vorrede.

sche und beleidigende,) Nachrichten aus
neuern Schriften nicht nur bekannt,
sondern werde auch solche zu erläutern,
zu verbessern, und mit verschiedenen
Anmerkungen zu bereichern suchen. Hei=
delberg den 10. Merz 1783.

Carl Büttinghausen.

I.

I.

Sammlung von merkwürdigen Lebensbeschreibungen, gröstentheils aus der Brittannischen Biographie übersetzt.

§. 1.

Ein Freund hat mir folgende Auszüge mitgetheilet:

I) In dem I. Theil n. XI. S. 688. wird in der Lebensbeschreibung des **Robert Boyle** die erste Entstehung der Londner Königlichen Societät der Wissenschaften erzehlt, und unter derselben Urhebern, (die S. 690. Anmerk. G. genennt werden,) steht: „Theo-
„dor Hauk, ein Teutscher aus der Pfalz,
„der damals (um 1645) in Londen sich auf-
„hielt, und wie ich glaube, die erste Gele-
„genheit gab, und zuerst diese Zusammen-
„künfte vorschlug. „

II) Im VIII. Theil n. V. findet man **Joh. Toland** Leben, und besonders S. 169.

dieses: „ Er ging im Jahr 1707. nach Düſ-
„ ſeldorf, wo er von Sr. Kurfürſtlichen
„ Durchl. (JohannWilhelm) ſehr gnä-
„ dig aufgenommen wurde, welche ihn we-
„ gen einer engliſchen Schrift, die er
„ herausgegeben hatte, mit einer goldnen
„ Kette und Gedächtnißmünze, nebſt einem
„ Beutel mit hundert Ducaten beſchenkte. „
In der Note c. wird hinzugeſetzt: „ Die
„ Schrift war betitelt: des Kurfürſten
„ von der Pfalz zum Beſten ſeiner
„ proteſtantiſchen Unterthanen letz-
„ lich gegebene Erklärung, welche Sr.
„ Majeſtät, (der Königin Anna) bekannt
„ gemacht worden. Welchem eine
„ unparteiiſche Nachricht von den
„ Neuerungen und Beſchwerden,
„ welche neulich von Sr. Kurfürſt=
„ lichen Durchl. ſo glücklich beige=
„ legt worden ſind, vorgeſetzt iſt.
„ Er (Toland) gab es auf Anſuchen des
„ Pfälziſchen Miniſters heraus, — — und
„ da derſelbe von Hrn. Toland, mit dem
„ er einen vertrauten Umgang hatte, von
„ ſeinem Vorhaben hörte, nach Teutſchland
„ zu gehen, ſo ermahnte er unſern Verfaſ-
„ ſer, dem Kurfürſten aufzuwarten, und
„ gab ihm zur Ausfürung dieſer Sache den
„ nöthigen Unterricht.   III)

III) Im IX. Theil n. IV. in der Lebensbeschreibung des John Wallis S. 128. enthält die Anmerk. X. eine weitere Nachricht von Theodor Haak, dem Urheber der Londner Societät der Wissenschaften.

IV) Dieser IX. Theil liefert uns n. XIX. eine Lebensbeschreibung des Pfalzgrafen Robert, deren Hauptinhalt aber blos die von ihm, mit Zuziehung des Malers Werner Vaillant, zu Stand gebrachte Erfindung des Mezzotinto, oder der schwarzen Kunst in der Kupferstecherei, ausmacht.

Æn. J. z. B.

§. 2.

Ich füge noch folgendes hinzu:

I) Was aus dem I. und IX. Theil vom Urheber der Londner Societät gemeldet wird, ist für uns schmeichelhaft. Er war ein Pfälzer. Im I. Theil heißt er Hauk, aber im IX. Haak. Und dieses ist sein rechter Nahme. So steht er auch in Joechers Gel. Lex. wo S. 1295. aus dem Wood folgendes gemeldet wird: „ Haak (Theod.) „ gebohren zu Neuhausen bey Worms „ 1605, studirte in Engelland, und wurde

A 4   „ all-

„ allda Diaconus. — — Communicirte der
„ Königl. Societät als Mitglied einige Ob-
„ servationes, und starb 1690.„ Hie heißt
er nur ein Mitglied dieser Societät, da er
doch wenigstens zu den Urhebern derselben
gehört, wenn er nicht die erste Gelegenheit
darzu gegeben hat.

II) Die aus dem VIII. Theil gemel-
dete Umstände, die Religions-Declaration
Englisch, und Toland und die Pfälzische
Kirchengeschichte, sind sehr auffallend.

III) Bey der, im IX. Theil gelieferten Lebens-Beschreibung des Prinzen Robert bemerke ich, daß sich auch ein Pfälzi-
scher Gelehrter damit beschäftige. Er wün-
schet, die Schrift zu erhalten, die Joannis in seinem dem Pareo vorgesetzten Verzeichnis de rer. Palat. Script. S. 47. also
anführt: Thomæ Weads vita Principis
Ruperti Palatini. Londini an. 1687. Sonsten habe ich im I. Band meiner Beyträgen
S. 203. eine diesen Pfalzgrafen betreffende
Englische Schrift angezeigt.

II.

II.

Leßings Beyträge.

Was Leßing im II. Beytrag von den Pfälzischen Socinianern unter dem Churfürsten Carl Ludwig angeführt hat, ist in meinen Beytr. Band II. S. 339. u. f. und S. 450. n. XII. berichtiget. Was Er aber im III. Beytrag von Friedrich III. mit Absicht auf die damalige Antitrinitarios angebracht hat, gedenke ich aus akademischen Urkunden noch mehr zu erläutern, und will jezt nur folgendes bemerken.

I) Führt Hr. Leßing S. 169. die den Monumentis Pietatis vorgesezte Worte der Herrn Mieg und Nebel an: BENE EST: *quod saltem nil in gratiam* Neuseri *scripserint*, und sezt Seite 170. hinzu: „ Gleichwohl laße ich mich nicht abschrecken, „ es noch zu thun, was diese Herrn meinten, „ daß es bisher so wohl unterblieben seye. „ *Bene est, quod saltem — —* Bene? „ Ich sage schlimm ist es, daß es nicht ge- „ schehen! Schlimm, daß nach zweihun- „ dert Jahren ich der erste seyn muß, der „ einem unglücklichen Manne bey der Nach- „ welt Gehör verschaft!„ Hie hat der gro-

A 5   se

fe Mann unfere auch grofe Männer mißver-
ftanden. Schreiben Mieg und Nebel:
Bene eft, quod faltem nil in gratiam
Neuferi *fcripferint*, fo fehen fie gar nicht
auf hiftorifche in gratiam *Neuferi* etwa zu
erwartende Schutzschriften, fondern auf das
argumentum theologicum ab individua
ductum.

II) Die in *Monumentis* gelieferte Acta
find dem Herrn Leffing S. 126. 137. fo-
genannte *Acta*, und S. 125. fagt er: fie
find jedoch nichts weniger als voll-
ständige juridifche *Acta*. Wo behaupten aber diefes die Herausgeber der Monu-
mentorum? Sie gaben was fie damals
hatten.

III) Doch der fel. Leffing hat auch
unfere *Monumenta* etwas zu eilfertig durch-
gefehen. Er fchreibt S. 125. 126: „Stru-
„ve in feiner Pfälz. Kirchenhiftorie hat fie
„ (die Acta) wiederum abdrucken laffen,
„ jedoch nur mit einem einzigen, nicht eben
„ fehr beträchtlichen Stücke vermehrter,
„ nehmlich einem Schreiben des Churfür-
„ ften Friedrichs an den Churfürften Au-
„ guftus zu Sachfen. „ Diefes Schreiben

ben findet man freilich beym Struv S. 227.
228. Hätte aber Hr. Leſſing des Churfürſten Briefe in den *Monumentis* durchgeſe-
hen, (und das hätte doch hie geſchehen ſol-
len,) ſo hätte er gefunden, daß Struv die
Monumenta, oder die dort vorkommende
Acta mit keinem neuen Stück vermehre,
dann dieſes Churfürſtliche Schreiben ware
ſchon in den *Monumentis* B. I. S. 309. u. f.
abgedruckt. Durch den Struv ließ ſich auch
Leſſing verführen, ſo obenhin S. 126. zu
ſchreiben, unſer Churfürſt habe das Bedenken der Sächſiſchen Theologen einziehen
wollen. Er verbeſſert ſich hernach ſelber,
und ſchreibt S. 174. richtiger, Fridrich III.
habe den Churfürſten zu Sachſen um das
Bedenken ſeiner Politiſchen Räthen, und
nicht ſeiner Theologen erſucht. Sollte
man die Sächſiſche Antwort gar nicht finden
können?

IV) Herr Leſſing hat S. 184. 185.
eine ſehr glückliche' Conjectur von dem
Matthias Glirius, der beym Socinus
in der Zuſchrift ſeiner *Diſſ. de Jeſu Chriſti
invocatione*, und beym Sandius Biblioth.
Antitrinit. S. 60. vorkömmt, und wo von
ihm geſagt wird: *fuit* Joh. Sylvani &
Ada-

Adami Neuſeri *ſocius ac perſecutionum eorum particeps.* „ Nun, ſezt Leſſing
„ hinzu, nun wiſſen (*) wir aber, daß in
„ die Neuſerſchen Händel in der Pfalz, auſ-
„ ſer dem Sylvanus — — niemand ver-
„ wickelt geweſen, als noch Jacob Suter
„ und Matthias Vehe. Folglich iſt ent-
„ weder (**) die Nachricht des Sandius
„ gänzlich falſch: oder Matthias Glirius
„ iſt kein anderer als Matthias Vehe.
„ Ich glaube das letztere. Matthias
„ Vehe, glaube ich, als er die Pfalz und
„ Deutſchland verlaſſen mußte, fand für
„ gut, ſeinen Namen zu verändern, und
„ nannte ſich Glirius anſtatt Vehe. Der
„ Grund, warum ich das glaube, iſt, weil
„ mir Glirius nichts anders als das über-
„ ſezte Vehe zu ſeyn ſcheinet. Denn Vehe
„ hieß, und heißt in verſchiedenen Gegen-
„ den Deutſchlands noch ein koſtbares Rauch-
„ werk, oder vielmehr dasjenige kleine Thier,
„ deſ-

(*) Hr. Leſſing ſagt noch einmal: und wir
wiſſen es ſehr zuverläßig. Daß dieſes nicht
ſo zuverläßig ſey, wird ſich zu ſeiner Zeit
zeigen.

(**) Dieſes Dilemma iſt nach der vorhergehenden Note zu beurtheilen.

„ deſſen Fell dieſes Räuchwerk iſt, und das
„ im Lateiniſchen mit dem allgemeinen Wor-
„ te Glis benennet wird: ſo daß das Ad=
„ jektivum Glirius ſehr wohl einen bedeu-
„ ten könnte, der ſeinen Namen von ei=
„ nem dergleichen Vehe zu führen glaubte.,,
Dieſe Conjectur kann man aus der Pfälziſchen Geſchichte beſtättigen. Alting hat in
Hiſt. Eccleſ. Palat. (in *Monumentis*) S.
164. dieſes: *Principem* (Ottonem Hen-
ricum) *monuit* Jo. Brentius, *ut a* Martyribus, Muribus & Gliribus *ſibi cave-
ret: notans Petrum* Martyrem *Tiguri,
& Wolfgangum* Muſculum *Bernæ ſacra
docentem, & neſcio quem* tertium. Das
unter den *Martyribus* und *Muribus* ent-
haltene Räzel hat Alting verſtanden, das
unter *Gliribus* Verſteckte konnte er nicht ent-
decken. Jezt iſt es uns deutlich. Brentius
wollte nicht nur dem *Martyri* und *Muſculo,*
ſondern auch dem Vehe in der Pfalz alle Be-
förderung erſchweren.

III.

III.

Meusels Histor. Untersuchungen.

Im I. Band St. III. (v. J. 1780.) n. II. und III. werden 2. uns merkwürdige Briefe geliefert, nehmlich Willibalds von Wiersberg an Pfalzgrafen Friederich Schreiben, die Niederlage und Gefangen=schaft Churfürsts Johann Friedrichs von Sachsen betreffend, d. d. Müldorf den 25. Apr. 1547. und Auszug weitern Schreibens W. von Wiersberg an Pfalzgr. Friede=rich d. d. im Kaiserl. Veldtlager vor Wit=tenberg den 4. May 1547. In dem diesen Briefen vorgesezten Vorbericht wird ange=merkt, dieser Pfalzgr. Friederich seye der nachherige Churfürst Friedrich III, wel=cher während der damaligen Kriegsunruhen die Regierung über seines Schwagers Marggraf Albrechts Lande übernahm, und den be=sondern Titel führte: Von Gottes Gna=den Friedrich der jüngere Pfalzgraf bey Rhein, Herzog in Beiern, Herr und Inhaber der obern Marggraf=schaft des Gebürges. In der von Hrn. Meusel besorgten histor. Litteratur für 1781. IX. Stück S. 275. wird dieses mit dem Zusaz angezeigt: „ Etwas neues für die

Pfäl=

„ Pfälzische Geschichtschreiber. “ Und in der
Nurnberg. gel. Zeit. v. J. 1780. S. 570.
heißt es: „ Ein Umstand den die Pfälzischen
„ Geschichtschreiber nicht entdeckten. “ Doch
etwas davon haben sie schon entdecket. Wi-
tekind hat in van *Byler* libr. rar. fasc. I.
S. 211. dieses: „ *Fridericus* quamdiu
„ apud socerum vixit, in partem ve-
„ nit regendæ provinciæ, adeoque
„ *Promarchionem Culmbachi* egit. Hinc
„ concessit in Palatinatum Bavariæ,
„ Præsidis titulo ornatus ab Electore
„ agnato, & aulæ sedem *Ambergæ* ha-
„ buit. „ Pareus berührt dieses in Hist.
Palat. S. 260. nur mit wenigem: Culm-
baci *primum*, *deinde* Ambergæ — —
Proprincipem egit. Doch sind die von
Herrn Meusel gelieferte besondere Umstände den Pfälzern sehr angenehm. Friedrichs Regierung bleibt immer merkwürdig,
und seine Lebensumstände, ehe er Churfürst
wurde, solten näher untersucht werden.
Von seiner Stadthalterschaft zu Amberg
wird v. J. 1558. in meinen Beyträgen B. I.
S. 135. in der Note einiges gemeldet. Auch
hat neulich Herr Hummel in seiner Biblioth.
von seltenen Büchern St. IX. S. 53 — 58.
eine hieher gehörende Schrift recensirt, nemlich

lich Jac. Heerbrands Bericht vom Ende Marggraf Albrechts, auf Verlangen Pfalzgraf Friedrichs und Marggraf Carls Pflichtmäſig aufgeſezt 1557. in 4to. Dieſen Fürſten waren die Gerüchte von Albrechts Tod nicht gleichgültig.

IV.

S. C. *Hollmanni* Pneumat. Pſycholog. & Theol. natur. Göttingæ 1780. 8.

Wie kömmt dieſe Schrift hieher? Der Pfalzgräfin **Eliſabeth** Philoſophiſche Einſichten, und andere Pfälziſche hiſtoriſche Umſtände hatte ich in den Pfälziſchen Beyträgen B. II. S. 51. u. f. aus **Carteſii** Briefen erleutert. Nun wollen wir auch das Urtheil, das der noch ſo muntere verehrungswürdige Greis **Hollmann** von einigen dieſer Briefen neulich gefällt hat, hören. Er ſchreibt S. 163. not. a. alſo: „ *Quæ a Carteſio ad* Eliſabetham *Principem* Palatinam, *epiſt. P. I. epiſt.* 29. & 30. *eadem de re* (de vinculo animam & corpus conjungente) *perſcripta legimus, illa ipſa adeo obſcura, & ſenſu fere omni partim ſunt vacua, ut dubitari vix poſſit, vel ipſummet non ſatis intellexiſſe quæ ſcripſerit.*
V.

V.

G. A. *Willii* Differtationes.

I) De prifca *Ecclefia in pago* Rafch
prope Altorfium Noricorum,
1777. 4. Sie enthält Pfälzische, besonders
Academische Urkunden v. J. 1526, beschreibt
§. XV. S. 18. u. f. die vom König Ru=
pert 1400. gestiftete Verbindung der Kir=
chen in Rasch, Altorf, u. f. w. mit der
Heydelbergischen Universität, und gehört al=
so zu dem Verzeichnis, das ich 1763. auf
einen bogen von denen die Heydelbergische
Universität betreffenden Schriften heraus=
gab.

II) De antiqua *conftitutione crimi-*
nali Altorfina, 1779. 4. Das hie gelie=
ferte Rupertische Diplom ist uns besonders
merkwürdig.

VI.

Klupfelii vetus bibliotheca ecclefiaftica. Vol. I.
P. I. Friburgi 1780. 8.

Gleich Anfangs n. I. findet man vitam
Jo. *Kereri* epifcopi Adrimitani,
B   fun-

fundatoris Collegii Sapientiæ Friburgi,
von welchem auch verschiedene Urfunden in
Rieggers analeƈt. Academiæ Friburg-
genſis (Ulmæ 1774. 8.) S. 58. 65. 68.
111. 195. 294. vorkommen. Dieſer Mann
iſt auch uns merkwürdig. Er hat zu Heydelberg ſtudirt. In unſerer Matrickel ſteht
er in Reƈtoratu tercio *Johannis Wenck*
de *Herenberga* Ss. Theolog. profeſſoris
eleƈti in vigilia Johannis Baptiſte anno
1451. alſo :! *Johannes Koerer* de Werthen.
Auch iſt unſer Collegium Sapientiæ, das
der Churfürſt Friederich II, nach dem
Muſter des Collegii zu Rom, hie in Heydelberg im Jahr 1555. aufgerichtet hat, nicht
das erſte in Deutſchland.

VII.

Büttinghauſens Pfälziſche Beyträge.

Hie kann ich einige, von meinen Freunden
mir zugeſchickte, Verbeſſerungen und
Zuſäze, auch meinen Leſern mittheilen.

§. 1.

I) Im II. Band S. 249. n. III. halten ſie das dem Herrn Crollius bey der Ur-
funde

kunde vom Jahr 1135. unbekannte *Rorbach*
für *Rodenbach*, welche Muthmaffung der
geistliche Rath Herr Jung in seinem Tractat
de S. *Philippo Cellenfi* (1780. in 8.) S. 9.
in der Note aus akademischen Urkunden zu
unterstüzen gesucht. Ich finde aber keinen
Grund, warum man dieses *Rorbach* in *Rodenbach* verwandelen solle: indem dieses leztere schon in den ältesten Zeiten zur Graf-
schaft Leiningen, und in derselben von Pfalz
zu Lehen gegangenes Landgericht auf dem
Stamp zwischen Stauff und Alsenborn an
dem Stolen genannt; in sicherem Betracht
aber ursprünglich zu den ersten Stiftungs-
gütern der Domkirche zu Worms gehöret hatte, und erst nach Ableben des Landgrafen
Hesso von Leiningen im Jahr 1467. an
die Pfalz gekommen, hingegen (wie in Iu-
stit. caufæ Palat. Act. comprom. S. 33.
zu sehen) von Seiten Worms mit der Ge-
richtsbarkeit angesprochen worden. Ich hal-
te das in der Urkunde v. J. 1135. vorkommende *Rorbach* vielmehr für das bei Alsenborn gelegene, und schon im Anfange des
13. Jahrhunderts den Rittern **Kolben** von
Wartenberg mit der Vogtei zuständig ge-
wesene Dorf *Rorbach*. Worinn das un-
weit davon bestandene Cisterzer Kloster **Ot-**

B 2   ter-

terberg im Jahr 1250. verschiedene Rechten und Gefälle hergebracht, und vielleicht durch Kauf oder Tausch von der Probstei Zelle, oder derselben Mutter-Kloster Hornbach erworben hat. Dieses Korbach) gehörte vor der Reformation zum Mainzer Bißthum Kirchheimer Landkapitel, wie in Würdtwein Diæces Mogunt. zu entnehmen, und die dortige reformirte Kirche stehet noch wirklich unter Kurpfälzischen Schuze.

II) Im II. Band S. 394. wird aus des Herrn von Haller schweizerischen Münzkabinet, eine den Johann Philipp Freiherrn von Hohensachs betreffende Medaille angezeigt. Da derselbe, vermög des bei der Kurpfälzischen Hofkammer liegenden Dienerbuches, von Herzog Johann Kasimir, als der Pfalz Vormund, im Jahr 1588. zum Vogten nach Moßbach bestellet worden, so dörfte diese Nachricht allenfalls nicht unangenehm seyn.

Wi.

§. 2.

I) Im ersten Band findet man S. 213-216. und S. 320. n. VI. und VII. verschiedene den Durdum betreffende Zweybrükbrückische Nachrichten. Die vom sel. Joannis besorgte sehr seltene historische Kalender Arbeit, enthält vom Jahr 1729. das Leben des Herzogs Friedrichs Ludwigs, wo ganz zuverläßige und sehr merkwürdige Umstände vom Durâus vorkommen.

II) Auch sende ich 2. den unglücklichen Sylvanum angehende Schriften, die ihre Beyträge erläutern können.

Wu. J. z. L.

Diese vom Herrn Wu. überschickte Piezen waren mir sehr angenehm. Die erste ist das ungemeine seltene 1559. zu Ursel mit Hartmann Beyers Vorrede herausgekommene Sendschreiben unsers Sylvani an Scalichium. Der sel. Schelhorn hat dasselbe in seinen Ergözlichkeiten B. I. S. 582-594. abdrucken lassen, und wollte S. 582. zuvor aus der Vorrede des Beyers etwas anführen. Doch hat er den Bogen A. von Wort zu Wort geliefert. Aus den 2. Blättern des Bogen B. will ich dasjenige, das Schelhorn ausgelassen hat, ausziehen. Hart. Beyer hatte am Beschlus des Bog. A. gesagt: „Hieraus ist nun klar, „ das Sylvanus wieder sich selbst sey. "

Und

Und mit diesen Worten hatte **Schelhorn**
S. 589. seine Auszüge beschloffen. Die
scharfe Vorrede fährt aber also fort:
„ Welchs kein Wunder, dann, mala mens,
„ malus animus. So gibts auch sein
„ Nam, da er sich **Sylvanum** nennet.
„ Dann Sylvanus, Pan, Fauni und die
„ Satyri oben aus Menschen, und unten
„ Böke sind, wie die Poeten sagen. — —
„ Also ist **Sylvanus** biforme mon-
„ strum, das bey mir und im Sendbriefe
„ an D. Paulum das Haupt und Füß be-
„ deckt, und nur das Menschen Angesicht
„ und Hend, zu Worms aber, und her-
„ nach in seinem Buch auch die Satyrische
„ Hörner, Hare und Klawen hat sehen las-
„ sen. Der gros Gott *Venter* macht sol-
„ che Sylvanus, Faunos, tetra und bi-
„ formia monstra aus den Leuten, welche
„ die Warheit erkennen, und doch jnen diß
„ Leben allein gelieben lassen. Dieselben
„ bedecken bey uns die Hörner, Ohren und
„ Füsse, und wo sie Raum bekommen, sind
„ sie Sylvani, Fauni, Satyri, Chimerä,
„ Sphinges, heßliche ungestalte Bestien. —
„ Also siehestu nun, Christlicher Leser, das
„ Sylvanus, der uns vieler Secten be-
„ schuldigt, selbst Secten in seinem Kopf
hat,

„ hat, welches beweisen seine Rede, Schrif-
„ ten und Name. — — Der Herr gebe,
„ Das er sich erkenne, und von Hertzen be-
„ kere. „

In Schelhorns Ergözlichkeiten B. III,
S. 950. 951. hatte ich 2 ganz unbekannte
Schriften dieses Sylvani von den Jahren
1565. und 1566. angezeigt, und daraus be-
wiesen, daß der zu Heydelberg enthauptete
Sylvanus eben derjenige seye, dessen Leben Hr. Schelhorn vorhin B. I. S. 571 -
600. beschrieben, aber nur bis auf die Pfarr-
stelle zu Kalb im Würtembergischen gebracht hatte. Die vom Herrn Wu. erhaltene Schrift hat folgenden Titel: „Der A-
„ postolische ware Catechismuß, d. i. Chri-
„ stelicher Unterricht deß H. Apostels Pauli
„ an die Römer, mit kurzer richtiger Auß-
„ legung also gestellet, durch Johannem
„ Sylvanum, Dienern Göttliches Worts,
„ Anno 1567.„ Dieser Tractat ist (ohne
1 ½ Bogen Vorrede) 377 Seiten stark in 8,
wo es am Ende heißt: „Gedruckt in der
„ Churfürstlichen Stadt Heydelberg,
„ durch Michael Schirat, 1567. im
„ Jar.„ Die an den Churfürst Friedrich
III. gerichtete Dedication schließt sich also:
„ Datum in E. Ch. G. Stat Lauden-

B 4   burg,

„ burg den 31. Augusti Anno 1567. E.
„ E. G. unterthenigster Diener am Wort
„ Gottes, Johannes Sylvanus im
„ Ampt Heydelberg Superintendens.„ Aus
dieser Unterschrift kann man den Wortstreit
heben, der in der Pfälzischen Kirchengeschichte öfters vorkömmt. Fridr. Span-
heim erinnert Opp. Tom. III. S. 799.
gegen den Sandium: „Iohannes Sylva-
„ nus, Inspector Ecclef. Ladenburg.,
„ nec Superintendens Ecclefiarum Pala-
„ tinatus Rheni, qualis nullus fuit post
„ Tilemannum Heshufium. „ Freilich
ware Sylvanus nur Inspector, oder, wie
er hie schreibt, Superintendens zu Ladenburg. Sandius aber hätte diese Würde
gern allgemein gemacht, und über die ganze
Pfalz ausgedehnet. Wäre Sylvanus des
Churfürsten Lehrmeister gewesen, (wie einige in Schelhorns Ergözlichkeiten B. I.
S. 605. behaupten,) so würde er diesen
Umstand in der Dedication nicht vergessen
haben. Sonsten ist hie unser Sylvanus
in der Erklärung des Briefs an die Römer
noch immer ein Vertheidiger der Gottheit
Christi, und beschließt seinen Tractat S.
377. also: „Der Vater aller Gnaden und
„ Barmherzigkeit stercke uns alle in der
                                    „ rech-

„ rechten rainen Erkandnuß unſers Herrn
„ und Heylands Jeſu Chriſti in der Kraft
„ ſeines göttlichen Geiſtes, und gebe ſeiner
„ Chriſtenheit Frid, Ruh und Einigkeit in
„ Chriſto Jeſu: dem ſey Lob, Dank, Glo=
„ ri, Gwalt, Kraft und Reich, immer
„ und ewiglich, Amen.„ Hernach hätte
er die Ruhe in der Chriſtenheit gern geſtö-
ret.

§. 3.

Im II. Band S. 200. u. f. ſind Briefe
unſers *I. L. Fabricii* abgedrukt, eines
friedfertigen Theologen, der dem Duräus
gar nicht abgeneigt ware. Ich muß Ihnen
noch einen hiehin gehörenden ſchönen Brief
anzeigen, den man in J. P. Stollbergs *
Vorſtellung der Wahrheit und des Friedens
(Hanau 1692. in 12.) S. 12, 13. lieſet.

Zw. z. H.

B 5 Die=

---

* Hie wird beſonders S. 56 — 99. geliefert:
Ein am 19. Nov. 1610. aufgeſeztes und dem
Magiſtrat zu Regensburg ſchriftlich überge=
benes Bedenken des *M. Chriſtophori Don-
auer*, warum er die reformirte Lehre nicht
verdammen könne.

Dieſes waren ſchriftliche Erinnerungen.
Nun wollen wir auch aus öffentlichen Re-
cenſionen Nuzen ziehen.

I.) Der Recenſent in der allgem. deutſchen Biblioth. B. XLI. S. 231. hat die
in meinen Beyträgen B. II. S. 115. angeführte Umſtände ſchief betrachtet, wenn er
ſchreibet: „Ein abermaliger Beweis, wie
„ weit es der Religionshaß damals getrie-
„ ben hat.„ Nicht Durchreiſende, ſondern die ſich Verſtellende wurden in der Pfalz
angehalten. Die Note c. in meinen Beytr.
S. 118. hat deßwegen dieſes: Durch dergleichen Handlungen wurden die
Pfälzer damals ſehr argwöhniſch ge=
macht. An England wurde niemand aus-
geliefert, als den man aus politiſchen Ur-
ſachen öffentlich anzeigte und abforderte, wie
zum B. den Balduinum, der zu Bret-
ten ergriffen wurde. Sehet *Io Adami*
Horatianar. Parodiar. Lib. I. (Hei-
delb. 1611. in 8.) S. 20. Noch eilferti-
ger wird in dem angezogenen XLI. Band
der allgem. deutſchen Biblioth. S. 234. der
LXXI. Artikel meiner Beyträge alſo angezeigt: „Pacius — — ging von Heydel-
„ berg fort nach Danzig. Kurz darauf
„ erſuchte man ihn, wieder dahin zu ziehen,
„ —al-

„ —— allein er ging nach Frankreich.„
Ich hatte aber nichts von Danzig. Die
Heydelbergische Universität schrieb auch im=
mer an den sich in Frankreich, und nicht in
Danzig, aufhaltenden Pacium, der aus
Sedan (S. 209.) antwortete, es könne
nicht so auf Heydelberg zurükkommen. Dieses Sedan wird doch nicht Danzig seyn
sollen. Wie sich Danzig in diese Recension
eingeschlichen habe, kann ich gar nicht be-
greifen.

II.) Meusels Historische Litteratur für
1782. recensirt S. 170 — 172. das leztere
Stük meiner Beyträge, und hat S. 172.
dieses: „Die *Fisa* ab *Alsdorf*, welche Hr.
„ B. nicht herausbringen kann, wird wohl
„ *Lisa* seyn für Elisabeth.„ Allein dasjenige, das ich in meinen Beyträgen S.
390, 391. nicht herausbringen konnte, geht
nicht auf die *in Actis Sanctorum* lateinisch
angeführte Fisa, sondern auf die im MSC.
fol. VIII. a. deutsch vorkommende Junk=
frawe ˙˙˙ von Altdorffe. Nachdem ich
aber unser Akademisches Original noch einmal eingesehen habe, lese ich die Stelle also:
„ Item Junkfrawe Sehe von Altdorfe.„

VIII.

VIII.

Lebensbeschreibungen II. Sammlung von Paul
von Stetten. Augsp. 1782. 8.

N⁰ X. erscheinet ein gar verehrungswürdiger Mann, Christoph Ehem, Churpfäl-
zischer Kanzler, der sich unter der Regierung
von vier Pfalzgrafen in dieser wichtigen
Stelle erhalten, und sich um deren Hauß
und Lande große Verdienste erworben hat. *

IX.

J. N. Eyring litterar. Annalen der Gottesgelehr-
samkeit. Nürnberg 1782. 8.

Es ist der erste Zeitraum von 1778. 1779.
1780. Dem Pfälzer können ein paar geo-
graphische Fehler nicht unbemerkt bleiben.
S. 630. n. 1386. sollte in der Anmerkung
die Stelle: Die Lutherische Geistlich-
keit in der Pfalz hat —— erschlichen,
also lauten: Die Lutherische Geistlich-
keit im Bergischen. S. 662. heißt es
am

---

* Alting in Histor. Eccles. Palat. (ed. Groning.) hat S. 160. *in notatis ad Reformationem
sub* Casimiro dieses: „Cancellarius *Ehemius*
„ ab obitu Electoris *Friderici III.* arresto
„ fuerat detentus. „

am Ende unter dem Artikel D. Bahrdt also: „Nachdem von den neueſten Offen=
„ barungen Gottes die zweite Ausgabe
„ zu Frankenhauſen. 1777. erſchienen
„ war.,, Anſtatt Frankenhauſen muß
man Frankenthal leſen.

X.

C. F. Sattlers Beytrag zum Staatsrecht.
Tübingen 1781. 8.

Hie iſt der ganze Titel : „Vom Keßler-
„ oder Kaltſchmids-Schuze älterer Zeiten,
„ mit archivaliſchen Urkunden erläutert, als
„ ein Beytrag zum deutſchen Staatsrecht.,,
Das Pfälziſche Staatsrecht muß man hier
beſonders erwägen.

✠ ✠ ✠ ✠ ✠ ✠ ✠ ✠ ✠ ✠ ✠ ✠ ✠ ✠ ✠ ✠

XI.

Joh. Jak. Spieß neue Beyträge zur Geſchichte
und Münzwiſſenſchaft. I. Stük. Nürnberg
1782. 8.

No I. S. 1 — 18. wird ein noch ganz
unbekannter goldner Gnadenpfenning des
Landgraven **Ludwigs** *V.* von Heſſendarm-
stadt

ſtadt beſchrieben, wo S. 13. aus dem hieher
gehörenden Extract einer Heſſendarmſtädti-
ſchen Kammerrechnung der vor dem dreyßig-
jährigen Krieg ſo blühende Zuſtand der Stadt
Frankenthal, und die dortigen Jubilirer
Iohann und Ceſar de Pommert gerühmt
werden. Auch habe ich dieſer Medaille etwas
näher nachgedacht. Herr Spieß lieſet die
Umſchrift alſo : ITER. HYEROSOLI.
mam SVSCIPIENS. OB. PROD. itio-
nem IMP. editum, und ſagt in der Auf-
ſchrift, dieſe Reiſe ſeye durch Verrätherey
eingeſtellt worden. Allein in der mit verſchiedenen Urkunden belegten Beſchreibung
dieſer Schaumünze ſtehet kein Wort von ir-
gend einer Verrätherey, ſo die Reiſe verhin-
dert hätte. Sie wurde nur (wie der eigen-
händige Aufſaz des Langraven S. 7. 8. ſagt)
wegen dem freundſchaftlichen Abmahnen des
Großmeiſters zu Maltha, der die Gefahr zu
Waſſer und Land, die Korſaren, Peſt und
andre Ungelegenheiten vorſtellte, nicht weiter
fortgeſezet. Wenn anſtatt PROD. auf der
Medaille PRAED. ſtünde, könnte man leſen: Ob praedones impeditum, und das
käme dann mit der Erzälung des Herrn
Spieß und der Warnung des Großmeiſters
überein. Da aber Hr. Spieß dieſen Schau-

pfen-

pfenning schon vor 10 Jahren, wie er S. 3.
schreibt, in Kupfer stechen lassen, welcher
Stich uns aber hie noch nicht gezeigt wird,
so muß wol auf der Medaille PROD. ste-
hen, und so fällt auch die obige Muthma-
sung ganz weg. Ich wage noch eine andre.
In den beym Herrn Spieß S. 5. abge-
drukten Personalien heißt es, Landgrav
Ludwig habe wegen dem am 4. Mai 1616.
erfolgten Absterben seiner Gemahlin, und
wegen andern zugefallenen Widerwärtigkei-
ten, sich entschlossen, in das gelobte Land
zu reisen. Er verließ auch am 1sten August
1618. Darmstadt. Als ein eifriger Vereh=
rer des Oesterreichischen Hauses konnte er
auch an der Protestantischen Union, an
den jezt sich schon erhebenden Böhmischen
Unruhen, und besonders an der den 5ten
Junii 1618. durch den Churfürst Friedrich
V. unternommenen Zerstörung der neuen
Speyerischen Vestung Udenheim, Ver-
druß haben. In öffentlichen Schriften re-
dete man von landbrüchigen Empörungen,
wie aus dem Finsterwald vom Pfälzischen
Hause S. 268. 269. zu ersehen ist. Und
so sollte vielleicht die Medaille anzeigen, man
habe die Reise unternommen OB PROD.
itum IMP.erium. Landgraf Ludwig
kam

kam auch hernach im Jahr 1622. in Pfälzische Gefangenschaft.   S. Parei Histor.
Palat. S. 337. und den Finsterwald S.
347. Auch hat man davon folgende 1622. in 4
gedrukte seltene „Anzeige der Ursachen, durch
„ welche der König von Böhem, Pfalzgraf
„ Friedrich, Churfürst, bewogen worden,
„ — — sich Landgrafen Ludwigs zu
„ Hessen Person zu versichern.„   Dieses
sind bey dieser Medaille nur blose Muthmas-
sungen.   Einen Aufschluß kann hier nur das
Hessendarmstädtische Archiv geben.

II.) Doch die n. II. S. 19 — 27. an-
gezeigte ungemein seltene Medaille des Churfürsten Carl Ludwigs vom Jahr 1648.
verdient unsere ganze Aufmerksamkeit.   Sie
wird in dem Hochfürstl. Anspachischen Me-
daillenkabinet verwahrt, und Herr Spieß
hatte dem Herrn Exter einen Abdruk mit-
getheilt.   Dieser bemerkte im II. Band
seines Versuchs S. 386. in der Note, die
Medaille sehe auf den Westphälischen Frie-
den.   Diesen Gedanken hat Herr Spieß
ferner ausgeführt, nnd noch die Vermutung
(die in der Nürnberg. gel. Zeitung vom J.
1782. S. 585. 586. mit Recht gerühmt ist)

an=

angebracht, daß nemlich hie eine Anspielung
auf einen Baierischen Thaler vom Jahr
1621. vorkomme.

N° III. S. 49. u. f. findet man die
Beschreibung des Hochfürstl. Münz- und
Medaillen-Kabinets zu Anspach, und beson-
ders S. 59. n. 6. Medaillen auf Branden-
burgische Civil- und Militär-Bediente, z.
B. Dankelmann und Fuchs. Berlin
kann auf zwey Minister stolz seyn, die den
Namen Fuchs geführt, auf den Paul von
Fuchs aus Stettin*, und den Johann
Heinrich von Fuchs aus der Pfalz **.

Hie

---

* Davon kömmt ein Artikel in Jselins Lex.
vor, auch haben die Acta Sacrorum Secu-
larium Academiae Duisburgensis 1756. a
I. H. Withofio edita, S. 101. 102. viel
Merkwürdiges.

** Dessen Leben wird in der zu Zweybrücken
1732. gehaltenen Rede de Dioecesi Be-
ckelnhemensi S. 49. 50. beschrieben, und
die *Notitia Vniuersitatis Francofurtanae* hat
S. 63. col. 2. dieses: „Io. Henr. *Fuchs,*
„ Palatinus, Iuris Professioni admotus an.
„ MDCXCII. m. Febr. — Consiliarius Di-
„ casterii Regii Coloniensis ad Spream con-
„ stitutus eoque digressus an. MDCXCVI.

Hie kommt es nun darauf an, ob auf der Medaille Paul oder Johann Heinrich von Fuchs erscheine.

XII.

Muſeum Turicenſe. Vol. I. Tom. I. et II.
1782. 8.

Im erſten Tom* findet man S. 147 — 155. den ex ſchedis Hottingerianis abge‐ ſchriebenen Brief unſers Hachenbergs, des Churprinzen Carls Aufenthalt zu Hervor‐ den, und den dortigen Schwärmer Labba‐ die betreffend. Pfälzern war dieſer Brief ſchon aus der *Bibl. Brem.* Claſſ. 8. Faſc. VI. (an. 1727.) S. 1056 — 1065. be‐
kannt,

---

* S. 39 — 101. iſt die merkwürdige Diſſer‐ tation des gelehrten Herrn VERNET *de Chri‐ ſti Deitate* ohne einige Bemerkung eingerükt. Aber Herr Prof. Hegelmaier hat im Sept. 1782. dieſe Diſput zu Tübingen alſo auf den Katheder gebracht: „*Iacobi Verneti* „ Theologi Geneueuſis Diſſert. *de Chriſti* „ *Deitate*, iterum edita cum obſeruationi‐ „ bus.,, Er wußte damals noch nichts von dem *Muſeo Turic.* Vergleichet die Stras‐ burg. gel. Nachrichten (1783.) S. 58. u. ſ.

kannt, wo der Herausgeber *Hasaeus* diesen vom sel. Zweybrückischen Phil. *Crollio*
erhaltenen Brief mit verschiedenen Anmerkungen ganz * hatte abdrucken lassen, wo
auch noch am Ende die im Museo Turic.
ausgelassene Worte zu lesen: *Cetera et*
quae ad Principem nostrum (den Churprinzen **Carl**) *pertinent, more consueto*
proximis litteris perscribam. Hat man
zu Zweybrücken, oder auch zu Zürch die weitere Fortsezung dieses Briefs, so wäre die
öffentliche Mittheilung gar sehr zu wünschen.
Bey dieser Gelegenheit kann ich mit Ver-
gnügen melden, daß der verehrungswürdige
Herr Ehegerichtsdirector Mieg viele Hach-
enbergische noch ungedrukte merkwürdige
Briefe habe. Sie sollen auch den Liebha-
bern der Pfälzischen Geschichte zu Theil werden.

Bey dem im II. Tom. S. 341 — 348.
ex schedis Hottingerianis gelieferten
Brief des **Leibniz** bemerke ich Folgendes:
I.) S. 345. redet er vom *Knorrio* zu Sulz-

C 2   bach

---

* Man muß also mit dem, das ex schedis
Hottingerianis noch soll geliefert werden, be-
hutsam zu Werk gehen. Diese freundschaft-
liche, zum gemeinen Besten abzielende Er-
innerung kann man nicht übel deuten.

bach und deſſen Cabala. II) Am Ende ſchreibt
er: *Sedecim libros Sinenſes miſſu R. P. Bou-
ueti accepi.* Der Hr. Herausgeber bekennet
S. 348. in der Note: *Hanc vocem (accepi)
excidiſſe rati reſtituimus. Nam in MS. non
extat.* Ich würde auch dieſes *accepi* nicht
einſchieben, ſondern lieber leſen: *Sedecim
libros Sinenſium* miſit *R. P. Bouuet.*

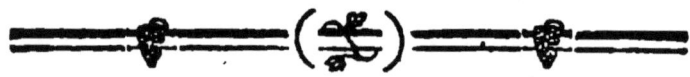

XIII

Joh. Auguſt Nöſſelt Anweiſung zur Kenntniß
theologiſcher Bücher. Leipzig 1779. und
1780. 8.

Wir wollen hie einiges in alphabethiſcher
Ordnung anzeigen.

Alting, (Henr.) Deſſen *Hiſt. Eccleſ.
Palat.* wird (ed. I. S. 396. und ed. II.
S. 417.) mit dieſem Zuſaz gerühmt: „Et-
„ was vermehrter Groning 1728.„ Die
ganze Vermehrung macht nur ein Blat aus,
und der Abdruk in den *Monumentis* hat doch
noch hie und da Vorzüge. In Nöſſelts
II. Ausgabe ſteht irrig, Alting habe ſeine
Geſchichte bis auf 1548. gebracht, in der erſten hieß es: bis 1584.

Brü-

Brüning (Chrift.) Deſſen *Antiquitates Graecae* werden (ed. I. S. 70. und ed. II. S. 83.) angeführt, die 1765. herausgekommene *Antiquitates Hebraeae* aber vergeſſen. Da Herr Nöſſelt (ed. I. S. 248. und ed. II. S. 273.) die neuere compendia theol. der Reformirten nennet, hätte man des ſel. Brünings *Regnum Dei* (Francof. 1758. 8.) auch erwarten können. Es hat ſo ſeinen eigenen Plan *, und will alles aus der Idee eines Königreichs herleiten.

Hottinger (J. H.) Deſſen Schriften kommen beym Nöſſelt hie und da vor. Doch empfiehlt noch Frorieps Biblioth. der theolog. Litteratur Th. II. S. 162. vor vielen andern Schriften, die Nöſſelt (ed. I. §. 525. S. 571. und ed. II. §. 547. S. 619.) bey der Kirchengeographie angebracht hatte, des Hottingers *topographiam eccleſiaſticam orientalem*, die in der ἀρχαιολογία orientali (Heidelberg 1662. in 8.) abgedrukt iſt.

---

* Auch der ſel. Stoſch hat in *introduct. in theol. dogm.* (Francof. 1778. 8.) im XVII. Kapitel, welches de methodo Theologiae dogmaticae handelt, dieſes *Regnum Dei* vergeſſen.

Rainoldus (Joh.) In **Frorieps Bi**blioth. S. 152. lieset man: „Wird man es „ wol glauben, daß ein **Nößelt** unter den „ Lehrern der reformirten Kirche, die wider „ die Katholiken geschrieben haben, S. 237. „ den Jo. **Rainoldus** — — vergessen „ kann?„ Freilich findet man hie (S. 237. ed. I. S. 261. oder ed. II. S. 249. S. 285.) keine polemische Schriften des **Rai**nold, aber doch anderswo (ed. I. S. 24. ed. II. S. 28.) dessen *censuram librorum apocryphorum Vet. Test.* Oppenhemii 1611. Nur wird nicht gemeldet, daß es eine gegen die Katholischen gerichtete Schrift sey, und erscheint in einer andern Gesellschaft, nicht so ganz am rechten Ort. In der ersten Ausgabe hieß der Verfasser **Rai**nold, welches nun in der andern verbessert ist.

Sonsten kennet Herr **Nößelt** (ed. I. S. 276. oder ed. II. S. 300.) von dem Gespräch zu Frankenthal nur die Ausgabe in 4. Man hat auch eine in 8. Auch ist dieses Gespräch ins Holländische übersezt worden. S. meine Beyträge B. I. S. 61. n. V. Damals hatte ich die Ausgabe in 8. nicht bey der Hand; nun aber weiß ich, daß sie in **Heidelberg** durch Joh. **Meier** *M. D. LXXIII.* gedrukt ist.

XIV.

XIV.

B. F. *Hummel* Epiſt. Hiſtorico-Eccleſiaſticarum ſemicenturia II. Halae 1780. 8.

Aus der erſten zu Halle 1778. gedruckten ſemicenturia hatte ich im II. Band meiner Beytr. S. 218 — 220. Pfälziſche Nachrichten ausgehoben, und die beym XLVII. Brief des D. Parei v. J. 1589. vorgelegte Frage des Herrn **Hummels**: Wer doch der M. *Conr. Fab.* ſeyn mögte? angezeigt. Könnte es nicht der M. *Conſtantinus Fabricius* ſeyn, der in des Herrn **Hummels** Epiſt. ineditis (Norimb. 1777.) Epiſt. VIII. * und Epiſt. X. ** vorkömmt. Dieſer damals zum Calviniſten erklärte *Fabricius* konnte auch in frühern Jahren von unſerm D. *Pareus* freundſchaftliche Briefe erhalten.

C 4   Die

---

* Dieſer Brief des *Phil. Camerarii ad Baumgartnerum* (Ambergae 1597.) zeigt, daß man am Pfälziſchen Hof das Verfahren gegen dieſen *Fabricium* gar nicht gebilliget habe.

** **Chriſtian**, Fürſt zu Anhalt, legt hie eine Fürbitte ein, die zu Amberg den 4. Martii 1600. unterſchrieben war. Damit iſt *Peucers* Brief v. J. 1599. zu vergleichen, den wir in Strobels Miſcellanien B. IV. S. 105. n. XVIII. erhalten.

Die centuria altera liefert uns Folgen⸗
des: N. I. *Amlingii* ad *Herdefianum*
Brief v.J. 1581. Er handelt S. 9. von un⸗
ferm D. Sohnius, und sezt S. 10. hinzu:
„ In thermis *Emfericis* inter *Electorem*
„ *Palatinum* et *Landgrauium* graues
„ exortae disputationes. „ Man zankte
sich auch hie, wo man nur an seine Gesund⸗
heit hätte denken sollen, um das Concordien⸗
buch. Die Pfälzische Geschichte kann noch
mehrere dergleichen Badstreitigkeiten aufwei⸗
sen.

N. II. Idem ad eundem v. J. 1581.
wo er S. 14. schreibt: „ Deum oro, vt
„ confilium *Cofimirianum* de reftituen-
„ da concordia in *fuperiori Palatinatu*
„ feliciter cedat. — — Si prodibunt
„ *Anhaltina* eaque ad me miferis, da-
„ bo operam, vt in viciniam perfe-
„ rantur. „ Bey dem Wort *Anhaltina*
steht diese Anmerkung: Leg. *Palatina.* Al⸗
lein es können auch in der Pfalz gedrukte
Anhaltina seyn.

N. L. ist in excerptis ad *Pezelium* S.
136. die Rede von einem, nach Friedrichs
III. Tod, aus Heydelberg vertriebnen Buch⸗
drucker.

XV.

XV.

**Von Joh. Georg, und Georg Christoph Wäch-
ter, 2. Brüdern in Petersburg.**

§. I.

Im II. Band der Pfälzischen Beyträgen
hatte ich S. 397. versprochen, die von dem
hiesigen Herrn Consistorial - und Ehegerichts-
rath Wächter, einem Bruder dieser be-
rühmten Männer, erhaltene Nachricht zum
Ruhm unsers Vaterlandes bekannt zu ma-
chen. Hie erfülle ich dieses Versprechen,
woran mich verschiedene, sonderlich mein
verehrungswürdiger Freund, Herr Exter in
Zweybrücken, öfters erinnerten.

§. 2.
Johann Georg Wächter.

Er ist zu Frankenthal den 8. Febr. 1724.
gebohren. Die von ihm verfertigte Medaillen zeigen seinen Namen mit *I. G. W.*
oder um Plaz zu ersparen, nur mit *G. W.* an.

I.) In der Suite der Rußischen Regen-
ten, die in Gold, Silber und Kupfer geprägt * worden, und die Herr Consistorial-

C 5   rath

---

* Herr Exter hat im I. Band S. 584. von
der Suite aller Pfälzischen Churfürsten, und
im II. Band S. 260. von der Suite derer
Her-

rath in Kupfer besizt, kommt auf n. 1, 2, 3, 15, 16, 40, 42. unser Herr Wächter also vor: *I. G. W. F.*

II.) Verwahrt Herr Consistorialrath viele große auf Kupfer geprägte Rußische Medaillen, wovon folgende den Herrn Joh. Georg Wächter betreffen.

1.) Auf die Thronbesteigung der Kaiserin Elisabeth 1741. d. 25. Nov., wo der Revers hat: *I. G. W.*

2.) Ueber die Freylassung der Gefangenen 1641. d. 15. Dec. Auf dem Revers steht: *I. G. W.*

3.) Wegen der neuen Auflage 1753. d. 12. Dec. Auf dem Revers ließt man: *G. Wächter, F.*

4.) Ueber die erlassenen Kronschulden d. 13. Maii 1754 Auf dem Revers *G. W.*

5.) Ueber die Beendigung der Streitigkeiten, die wegen der Landmesserey entstanden waren, 1754. Auf dem Revers: *G. W.*

6.) Ueber die Errichtung von Neu=Servien 1754. Auf dem Revers: *G. W.*

7.)

Herzogen und Churfürsten von Bayern gehandelt, und auch B. I. S. 579. und B. II. S. 532. einige Münzsuiten von andern Ländern angezeigt.

7.) Bey der Thronbesteigung der Kaiserin Catharina 1762. Auf dem Revers: *G. W.*

8.) Auf die Krönung der Kaiserin Catharina 1762. Den Avers hat Herr *Iwanow,* den Revers aber unser Hr. Wächter geschnitten. Und das ist eben die Medaille, die Herr Erter, aus einer nicht genug bestimmten Nachricht, dem jüngern Herrn Wächter beylegt, und weßwegen ich in den Pfälz. Beytr. B. II. S. 397. bemerkt hatte, diese beyde Brüder seyen in der Erterischen Sammlung B. I. S. 521. verwechselt worden. Dergleichen Verwechslungen könnten um so ehender entstehen, da der ältere Hr. Joh. Ge. Wächter sich auf verschiedenen Medaillen nur *G. W.* nennet, welche Buchstaben auch den jüngern Bruder anzeigen könnten. Der hiesige Herr Rath Wächter versichert aber, daß diese Medaille, oder vielmehr der Revers, vom ältern Bruder herkomme, und daß der jüngere noch nichts in die Rußische Geschichte einschlagendes vor dem Jahr 1771. verfertigt habe. Von dieser Krönungs-Medaille ist ein Kupferstich in Joachims neueröffnetem Münzkabinet IV. Th. Tab. XXIX. zu sehen.

5.)

9.) Vom Jahr 1771. wird drunten §. 4. S. 45. eine Medaille angezeigt werden.

10.) Auch auf 2 Medaillen vom Graf **Alex. Bestuschef**, die in **Büschings** Magazin Th. II. (Hamburg 1768.) S. 430. in Kupfer gestochen sind, erscheinet *I. G. W.* Zu Potsdam gab *P. Ricaud de Tiregale* an. 1772. in fol. heraus: Alle Rußische Schaumünzen von Peter dem Großen an, mit historischen Erläuterungen. Diese Schrift wird in den Jenaischen gelehrten Zeitungen v. J. 1773. recensirt, wo es S. 740. heißt: „Mitten unter den Rus
„sisch-Kaiserlichen Schaumünzen treffen
„wir eine auf den großen General **Golo=**
„win an. Aber warum keine vom Graf
„**Alexei Bestuschef**?„

§. 3.
Georg Christoph Wächter.

Ist zu Heydelberg 1729. den 27. October gebohren. Seine Lebensumstände erzält Herr von **Haller** im Schweizer. Münz- und Medaillen-Kabinet B. I. S. 502. ganz bestimt also: „Zuerst ward er ein Goldarbeiter, legte
„sich aber aufs graviren, und lernte beym
„Daßier, ward 1770. Hofmedailleur zu
„Mannheim, und 1771. zu Petersburg.—
„Man

„Man hat sehr schöne Medaillen von ihm,
„zwey auf den *Voltaire*, eine auf den I. I.
„*Rousseau*, und andre.„ Die Medaille auf
den *Rousseau* war in dem I. Band S. 153.
schon angezeigt, und die auf den *Voltaire* hat
Hr. Exter B. II. S. 522. in der Note beschrieben, wo aber nicht so ganz richtig gesagt
wird, Wächter habe noch vorher, ehe er
nach Petersburg berufen worden, den Revers zur Krönungsmedaille der Kaiserin
Catharina geschnitten. Dieses ist aus
dem vorhergehenden §. 2. n. 8. S. 43.
näher zu bestimmen.

§. 4.

Nachdem dieser jüngere Herr Wächter
nach Petersburg kame, hat er in Gesellschaft seines Bruders eine Medaille geliefert,
die auch der hiesige Herr Rath Wächter erhalten hat. Sie ist wegen der Pest zu Moscau
zu Ehren des Fürsten Orlow 1771. geprägt.
Der Avers hat des Fürsten geharnischtes, mit
verschiedenen Orden geziertes, und mit einem
Pelz umschlungenes Brustbild. In der Um=
schrift lieset man den Namen OPΛOBb, und
unter dem Arm: G. C. WAECHTER F. Der
Revers stellt die Stadt Moscau vor, und den
Römer, der im Begrif ist, sich in die feurige
Höle

Höle zu stürzen. Unter den hintern Füßen des Pferdes erscheint: I. G. W. F.

XVI.
Es wird gefragt

I.) Ist *Iani Gruteri* Dissert. de *Ollio* gedruckt? Ein vornehmer Gelehrter will diese Schrift einmal gesehen haben. Meine auswärtige und innländische Freunde haben sie noch nicht gefunden. Nur Hr. S. in G. schreibet: Wird vermuthlich der *Ollius Trogus* seyn sollen, dessen eine alte in *Gruteri* thesauro S. CCCXCIX. n. 6. vorkommende Innschrift gedenket.

II.) Die den *Io. Iac. Vitriarium* angehende Medaille habe ich im II. B. der Pfälz. Beytr. S. 396. angezeigt. Was soll aber I. C. P. L. auf dem Revers anzeigen?

Ver=

Verzeichniß
einiger
die Pfalz betreffenden Sachen.

Verzeichnis.